IDÉES

SUR LES

DEUX THÉATRES FRANÇAIS,

SUR L'ÉCOLE ROYALE

DE DÉCLAMATION, etc.

PARIS.

J. BRIANCHON, LIBRAIRE,
QUAI DES AUGUSTINS, N° II ;

PONTHIEU, LIBRAIRE, PALAIS-ROYAL,
GALERIE DE BOIS, N° 201.

1819.

DE L'IMPRIMERIE DE BAUDOUIN FILS.

OUVRAGES NOUVEAUX

LES TABLES DE LA GLOIRE, almanach pour 1820, dédié à tous les amis de la patrie. 3ᵉ édition ; 2ᵉ année.

Pour donner une idée de ce Tableau national, qui rappelle en même temps et jour par jour une *Victoire* et le *Brave* qui l'a remportée, nous allons citer les six premiers jours de décembre.

1 v. s. Éloi.   Combat de Gambshseim. Desaix.   1793. Allem.
2 s. s. F. Xav. Bataille d'Austerlitz.   Napoléon. 1805. Autric.
3 d. s. Miroc. Bataille de Hohenlinden. Moreau.   1800. Autric.
4 l. sᵉ. Barbe. Prise de Madrid.   Napoléon. 1808. Espag.
5 m. s. Sabas. Combat d'Himmelsfort. Dumonc. 1800. Allem.
6 m. s. Nicolas. Prise de Thorn.   Ney.   1806. Prusse.

Prix ; en feuilles, 1 fr. 50 c.; cartonné, 2 fr.; *id.*, avec une vignette dorée, 2 fr. 50.

VIES DES GUERRIERS FRANÇAIS, à l'usage des Écoles régimentaires d'Enseignement mutuel ; ouvrage publié avec l'autorisation de S. Exc. le ministre de la guerre, comprenant, outre un Précis succinct de l'Histoire de France, la Vie des Premiers hommes de guerre avant la révolution. Vol. in-12 de 300 pages. Prix : 1 fr. 50 c. — On publiera incessamment un volume du même format sur les Guerriers de la révolution, qui formera le complément de cet ouvrage.

BATAILLE DE WATERLOO, lithographie historique d'après nature, sur papier Jésus ; prix : 2 fr.

LA MORT DE DESAIX, lithographie historique, sur demifeuille de Jésus. Prix : 1 fr. 25 c.

OEUVRES COMPLÈTES DE MARMONTEL; 18 gros vol. in-12. Prix : 72 fr.

VICTOIRES ET CONQUÊTES DES FRANÇAIS. Les 15 premiers volumes ont paru. Le seizième va paraître. Le prix de la souscription par volume est de 6 fr. 50 c.

CORRESPONDANCE INÉDITE, officielle et confidentielle de Bonaparte avec les cours étrangères, etc. Les 6 premiers vol. ont paru. Le 7ᵉ et dernier paraîtra fin de décembre.

CHOIX DE RAPPORTS, OPINIONS ET DISCOURS, prononcés à la tribune nationale depuis 1789 jusqu'à ce jour, etc. Les 7 premiers volumes ont paru. Le 8ᵉ va paraître. Le prix, avec portraits, est de 8 fr. par vol., et 6 fr. sans portraits.

IDÉES

SUR LES

DEUX THÉATRES FRANÇAIS,

SUR L'ÉCOLE ROYALE

DE DÉCLAMATION, etc.

L'ÉTABLISSEMENT d'un second théâtre Français était depuis long-temps l'objet des vœux de tous les amis de l'art théâtral. On le désirait déjà même à l'époque de la prospérité de la scène Française. Aujourd'hui il est devenu d'une nécessité absolue. La concurrence est le seul moyen de réveiller les comédiens Français de leur assoupissement, et de prévenir la ruine dont leur théâtre est menacé.

Mais quelques avantages qui puissent résulter

de cet établissement, suffira-t-il pour faire refleurir le théâtre ? La scène Française est-elle
tombée dans cette dégradation par cela seul
qu'elle n'a pas eu de concurrence à soutenir?
Non, d'autres causes ont bien plus puissamment
contribué à sa décadence; d'autres moyens sont
encore bien plus nécessaires pour lui rendre
son ancienne splendeur.

On convient généralement que l'art théâtral
touche à sa ruine; chacun s'en plaint; mais on
se borne à se plaindre , et personne ne remé-
die au mal, parce que personne n'en veut voir
la source. On s'entretient sans cesse de cet art
enchanteur; mais on n'y porte qu'un regard
fugitif et superficiel. La personne des acteurs
nous occupe bien plus que leur talent. On est
au courant de leurs voyages, de leurs intrigues,
de leurs débats; les journaux publient jusqu'à
leurs moindres aventures , et rarement ils font
de leur jeu une analyse dont l'art puisse profiter.

Le Français aime le théâtre, mais il le fréquente bien plus pour se distraire que pour
s'instruire ; aussi, n'y attache-t-il pas une im-

portance réelle. Sa prospérité ne l'intéresse qu'autant qu'elle augmente ses plaisirs. Il applaudit l'acteur sur la scène, et le désapprouve à la ville. L'homme qui, au théâtre, n'est qu'*utile*, est dédaigné. Cette inconséquence provient de ce qu'on ne voit pas communément le moyen de diriger l'art du comédien au profit de la morale et des lumières.

Si les ouvrages dramatiques influent sur l'esprit des peuples, ce n'est qu'autant qu'ils sont représentés dignement. A la simple lecture, ils ne produiraient qu'une bien faible impression; la représentation frappe, émeut, entraîne irrésistiblement; elle offre une morale en action d'un bien plus puissant effet, que toutes les leçons d'une morale écrite.

Aussi tous les gouvernemens ont reconnu l'utilité de l'art théâtral, et ont cherché à l'honorer. On sait que les Grecs, modèles de tous les autres peuples, considéraient les comédiens, et les choisissaient parmi des citoyens distingués. La déclamation, chez eux, faisait partie de l'éducation. L'orateur fameux qui, du haut de la

1 *

tribune, imposait au vainqueur d'Athènes, avait perfectionné son éloquence à l'école du comédien Andronicus.

C'est chez le peuple où l'art théâtral a toujours été le moins estimé, qu'il s'est néanmoins élevé au plus haut degré de perfection ; c'est même à l'époque où le préjugé attaché à sa profession régnait avec le plus de force , que le théâtre brillait d'un plus grand éclat. Tel est l'attrait de nos chefs-d'œuvre immortels, qu'il s'est toujours trouvé des hommes disposés à les représenter, malgré l'avilissement qu'ils devaient en recueillir.

Si ce préjugé est à peu près éteint dans la capitale, il n'a point encore perdu son empire dans les provinces, et il contribue plus qu'on ne pense à la dégradation du théâtre. L'homme qui n'a pas de considération à espérer, de quelque manière qu'il se conduise, cherche rarement à en mériter. Dans aucun pays, l'état de comédien n'est aussi déprécié que dans la patrie de Molière. Les Russes recherchent avec empressement et accueillent avec distinction les acteurs étrangers. Les Anglais, surtout, se glorifient de leurs acteurs célèbres. On connaît les honneurs rendus à Garrick après sa mort (1); et parmi nous, la célèbre Lecouvreur, Molière lui-même, n'ont pu obtenir un coin de terre dans un cimetière ! De nos jours encore, une femme d'un talent distingué (mademoiselle Raucourt) était près d'être ignomineusement rejetée du lieu saint !

Cette excommunication des comédiens a-t-elle jamais existé d'une manière bien formelle ? Je

---

(1) Ce grand acteur est enterré dans l'abbaye de Westminster, dernier asile des rois d'Angleterre, également consacré aux héros et à tous les hommes distingués par leur mérite. Plus de soixante voitures de deuil, toutes attelées de six chevaux, remplies des plus grands seigneurs et des hommes les plus célèbres, accompagnèrent solennellement son convoi. Le doyen de l'abbaye, à la tête du chapitre, vint recevoir le corps à la porte de l'église ; et ce fut l'évêque de Rochester lui-même qui officia. Le tombeau de Garrick est placé à deux pieds de distance du monument de Shakespear.

doute qu'elle soit autre chose qu'un usage jadis introduit par le clergé français. Fût-elle prononcée par le pape lui-même , elle n'a jamais été reconnue par nos lois. Peut-on se persuader que des peines infamantes, prononcées dans des temps de barbarie contre des bateleurs impudiques, soient applicables aujourd'hui aux acteurs du théâtre Français? Par quelle inconcevable bizarrerie les chanteurs et les danseurs de l'Opéra , du plus mondain de tous les spectacles, en ont-ils toujours été exceptés ? A Rome , les comédiens sont admis à toutes les cérémonies de l'église; les prêtres eux-mêmes assistent aux représentations théâtrales. Y a-t-il plus de mal à jouer la comédie à Paris qu'à Rome ?

Quelle perfection peut-on jamais espérer d'un art auquel la plupart des hommes bien élevés rougissent de se livrer, et qui n'est généralement embrassé que par les classes subalternes de la société? Presque tous les comédiens manquent d'éducation; sans elle il n'y a pas de talent. S'il n'est point indispensable , comme le prétendait Baron, qu'un comédien ait été *nourri sur les genoux des reines*, du moins est-il vrai de dire que son éducation ne saurait être trop soignée. Il n'est pas d'art, en effet, qui exige un esprit plus cultivé, des connaissances plus variées, une aussi grande réunion de qualités physiques et morales. *C'est le plus beau, le plus rare et le plus difficile de tous les talens*, disait Voltaire.

Pendant quelque temps, les comédiens ont été admis à l'Institut. Cet honneur était dû à l'excellence de leur art. J'ignore par quel motif on les en a exclus. Ont-ils moins de droit d'y prétendre que les autres artistes ? Ce n'est pas en publiant les détails de leur vie privée, avec la ridicule importance qu'on semble y attacher, qu'on rendra à leur état la considération qu'il mérite ; c'est en excitant leur émulation, c'est en donnant aux jeunes gens qui veulent l'embrasser, l'espoir de jouir des mêmes distinctions que celles accordées aux autres carrières.

On ne peut, dit-on, honorer une profession qui livre un homme aux caprices du public ; mais alors, quelle est celle qu'on doit honorer ? Je n'en connais aucune où l'on n'y soit pas plus ou moins assujetti. D'ailleurs, le droit que le public exerce sur les acteurs, n'a-t-il pas dégénéré en abus, et ne serait-il pas aussi nécessaire à l'art que convenable à la dignité de la scène française, de le restreindre dans de certaines limites ? *Je paye ;* voilà le refrein sur lequel on le fonde : mais que ne paye-t-on pas dans ce monde ? Le prêtre lui-même ne fait-il pas payer sa messe ?

Avouons que si l'on prodigue souvent aux acteurs des applaudissemens outrés, souvent aussi on se fait un jeu de les humilier trop cruellement (1). Un silence improbateur ne

---

(1) La malheureuse *** est morte des suites des humiliations qu'elle a essuyées à son début au théâtre Français. Un traitement aussi rigoureux vient d'éloigner du théâtre madame Dérudder, qui en serait peut-être devenue un jour un des principaux ornemens. Les outrages dont on l'a accablée ont cependant cessé

suffirait-il pas pour les avertir de leurs fautes ?
Loin de contribuer à augmenter les plaisirs du
public, cet abus ne peut que leur être nuisible : il déconcerte les acteurs, trouble la tran-
quillité des spectateurs, et éloigne souvent de
la scène des sujets qui seraient en état d'y
réussir. Quel est l'homme pénétré du senti-
ment de sa dignité, qui se résoudrait jamais, à
moins d'être entraîné vers le théâtre par une
aveugle passion, à embrasser un état où chacun peut, selon son caprice, l'outrager impu-
nément !

Que le théâtre soit honoré, il ne manquera
pas long-temps de bons acteurs. Je ne prétends
pas qu'on voie renaître beaucoup de Lekain et
de Préville ; dans tous les arts ces êtres privi-
légiés de la nature sont rares et n'apparaissent
que de loin en loin. Il n'est point d'ailleurs de
considérations assez fortes pour arrêter l'homme

lorsqu'on l'a vue tomber évanouie. Et c'est au milieu
de leurs plaisirs, c'est envers des femmes que des
Français exercent cette barbarie !

supérieur, entraîné vers un état par l'impulsion de la nature et l'ascendant de son génie ; mais, sans attendre des acteurs extraordinaires, on peut du moins s'en promettre de très-distingués, et en assez grand nombre, pour voir enfin nos chefs – d'œuvre dramatiques bien joués dans toutes leurs parties, et rendus avec un ensemble satisfaisant.

Les Grecs, que l'on doit toujours citer comme modèles dans tout ce qui concerne les beaux-arts, encourageaient leurs acteurs au spectacle par leur retenue, et se respectaient ainsi eux – mêmes. Des hommes aussi distingués dans les lettres que dans la société, ne se faisaient point scrupule de monter sur le théâtre. Le public assistait à leurs représentations avec la plus grande décence et dans le recueillement le plus profond. Pourquoi n'en serait-il pas ainsi parmi nous ? Pourquoi ne verrions-nous pas dans notre théâtre une véritable école de morale et de goût, et dans nos acteurs des citoyens chargés, comme dans Athènes, de l'honorable fonction d'inspirer à leurs compatriotes tous les nobles sentimens de l'ame.

La révolution, qui a produit tant de changemens divers, n'a pas été, sous beaucoup de rapports , favorable à l'art théâtral. Depuis cette époque, le costume s'est perfectionné ; les paniers ont été abolis; mais la déclamation a perdu sa pureté et sa grâce, ce mélange de noblesse et de naturel qui faisaient la perfection de l'art. L'esprit de parti ayant long-temps décerné les applaudissemens, les acteurs ont pris le change ; en les attribuant à leurs talens, ils se sont jetés dans une fausse route. Au milieu des scènes affreuses dont on était alors témoin , on avait besoin de peintures outrées pour être ému. Il s'est établi dans la tragédie un système étranger à la nature, basé sur des contrastes bizarres et sur des changemens de voix ridicules. On a cherché plutôt à frapper fort que juste. L'extraordinaire a été pris pour le sublime. Les accens de l'ame ont été sacrifiés à des émotions factices , tenant à la vibration de la voix et à la contraction des nerfs, et qui, au lieu de toucher le cœur, n'agitent que les sens (1).

Le public s'est gâté avec les acteurs ; il ne se compose plus, comme autrefois, d'amateurs éclairés, d'hommes de lettres habiles à diriger l'acteur, s'intéressant à lui par amour de l'art, et le jugeant avec connaissance de cause. Tout le monde fréquente aujourd'hui les spectacles ; chacun se mêle de juger les acteurs et les pièces. Depuis que la politique a absorbé toutes nos idées, le théâtre est devenu pour nous d'un bien faible intérêt ; on y va par désœuvrement ; auparavant, on en faisait une affaire. Le mélodrame et les farces n'étaient pas pré-

---

(1) Autrefois on cherchait bien moins à étonner qu'à attendrir. Le public n'applaudissait pas autant ; mais il pleurait, il frissonnait. Lekain s'étant un jour surpassé au point de ne plus laisser voir que le personnage et de faire entièrement oublier l'acteur, s'écria, transporté de joie, en rentrant dans la coulisse : *Enfin, on ne m'a pas applaudi.*

férées en province à la bonne comédie ; les acteurs pouvaient s'y former et se rendre dignes de paraître ensuite dans la capitale.

La manière dont aujourd'hui les acteurs sont jugés par la masse du public, peut-elle permettre de voir refleurir le théâtre ? On applaudit encore avec assez de justesse le jeu d'un acteur dans ses détails ; mais sait-on en apprécier l'ensemble ? Ce qui tient de l'ame est assez généralement senti ; mais conçoit - on toujours ce qui est du ressort de l'esprit ? Une faute de mémoire, un éclat de voix malheureux sont impitoyablement sifflés ; mais les contre-sens les plus grossiers sont tolérés, si toutefois ils ne sont pas applaudis. Ce qu'on admire dans un vieil acteur, on le condamne dans un jeune. Les défauts de celui-ci sont des qualités dans l'autre ; paraissez précédé d'une grande réputation et d'une longue habitude du théâtre, cette foule de gens qui n'ont de jugement que celui de leur gazette, vous trouveront sublime. La manière sera prise pour de la profondeur, le charlatanisme

pour de l'art, des effets de mélodrame pour
des inspirations tragiques. Frappez l'oreille
de vos auditeurs d'une opposition de voix
inattendue, les bravos retentiront de toute
part. On n'examinera pas si cette opposition
est juste et naturelle, conforme au goût, ap-
propriée au caractère et à la situation du personnage. Que l'on soit ému, peu importe comment; on ne se rend pas compte de ses émotions, et dès que les sens sont agités, le cœur
se croit satisfait. Il est sans doute des con-
naisseurs qui raisonnent leurs plaisirs et qui
peuvent diriger l'acteur; mais ils se taisent;
et c'est le vulgaire qui fait la loi.

Il existe un moyen de remédier à ce mal,
et je le regarde comme un des plus propres à
ramener l'art théâtral à son ancienne splendeur, celui de la critique; j'entends d'une critique juste et bienveillante, faite pour éclairer
et pour encourager. Ces leçons publiques, don-
nées dans les journaux, seraient, par l'effet
qu'elles produisent sur l'amour – propre, les
plus salutaires qu'un comédien pût recevoir.

Mais si l'on en excepte quelques-uns, comment jugent aujourd'hui nos Aristarques! Avec quelle ignorance, quelle grossièreté, souvent même quelle bassesse exercent-ils une aussi noble fonction! Des jugemens sans motifs, des injures au lieu d'avis, une partialité sordide à la place de l'équité et de la bonne-foi, voilà ce qui distingue leurs écrits. On sait bien dire d'un acteur qu'il est mauvais; mais il n'est pas aussi facile de lui indiquer le moyen de devenir meilleur; et comment des hommes qui n'ont jamais observé le théâtre que de la salle, qui n'en ont même pas étudié les principes, des jeunes gens qui sortent du collége, qui n'ont encore rien vu, rien comparé, pourraient-ils connaître et juger le plus difficile des arts? Aussi, que de contradictions dans leurs jugemens, que d'erreurs dans leurs aperçus! Jamais on ne sait garder une juste mesure; ou l'on élève un acteur aux nues, ou bien on le traîne dans la fange. On ne veut entrer dans aucune considération; on ne tient compte ni de l'âge, ni des indispositions; il faut qu'un acteur soit tous les jours bon, qu'un débutant soit de suite parfait. Qu'espérer d'une telle critique, sinon de décourager l'artiste et de hâter la ruine de l'art?

Dans l'état actuel des choses, c'est à une bonne école de déclamation à nous procurer de bons acteurs. Une *école!* va-t-on s'écrier, *pourra-t-elle jamais créer des comédiens!* Non sans doute; mais l'homme doué par la nature des moyens nécessaires pour le devenir, se formera à une école, et n'atteindra jamais la perfection sans le secours d'une école. Il faut de l'art pour exercer un art. Il est des écoles pour la peinture, pour la musique, pour la poésie, pourquoi n'y en aurait-il pas pour la déclamation?

Il n'y avait pas d'école autrefois, me dira-t-on, *et jamais il n'y eut de plus grands acteurs.* Mais parce que ces deux circonstances se sont trouvées réunies, s'ensuit-il que l'une soit la conséquence de l'autre? On se dispute d'ailleurs sur des mots. Il n'y avait pas d'école publique, mais il y en avait de particulières. Les acteurs du temps donnaient des leçons chez eux. Molé, Lekain, Préville, faisaient des élèves. Les jeunes gens qui se destinaient au théâtre recueillaient leurs avis, et s'appuyaient de leurs exemples. Le Conservatoire était chez eux au lieu d'être dans la rue Bergère.

Une école de déclamation est d'autant plus nécessaire que l'acteur ne laisse rien de son talent. Dans les autres arts, que l'artiste meurt, ses ouvrages subsistent, il nous reste des monumens de son génie, des fruits de son travail et de ses découvertes; ses productions servent de modèles à celui qui le suit, et, par des imitations successives, l'art s'agrandit et se perfectionne. Il n'en est pas de même du théâtre; élevé au plus haut degré de perfection, il retombe, à la mort de l'artiste, dans son état primitif de faiblesse et d'enfance. Une école est le seul moyen de suppléer à ce défaut; elle seule peut perpétuer les traditions d'une manière fidèle, et donner une idée des talens qui ne sont plus.

Un des grands avantages du second théâtre,

2

est celui d'exciter l'émulation des acteurs. C'est beaucoup, sans doute ; mais cette émulation ne donnera pas à de nouveaux sujets les premières notions de leur art, et ne ramènera pas la déclamation à de meilleurs principes. Un second théâtre, je le répète, ne produira jamais tout l'effet qu'on en attend, sans une école de déclamation. Quant à celle qui existe, elle est plus nuisible qu'utile. Il en faut une autre, organisée sur un nouveau plan, dirigée par une autre méthode.

L'Ecole royale renferme quatre classes, tenues par des acteurs de la Comédie Française, et suivies indistinctement par tous les élèves qui y répètent chacun à leur tour des scènes de tragédie et de comédie, selon la manière de chaque maitre. Pourquoi ne pas suivre la progression qui s'observe dans l'enseignement de tous les autres arts ? Pourquoi ne pas établir une classe pour les commençans, une autre pour les plus avancés ? Dans la première, on se bornerait à l'étude de la langue, de la prosodie, de la versification et de tout ce qui est préliminairement nécessaire au talent de l'acteur. La seconde serait consacrée aux principes de la déclamation proprement dite, à ceux de la pantomime et de tout ce qui constitue le mécanisme théâtral. Dans une troisième, on s'attacherait à polir le jeu des élèves, à développer leur imagination, et à leur découvrir toutes les ressources de l'art. Dans ces trois classes, un inspecteur veillerait à ce que tous les professeurs suivissent le même mode d'enseignement.

Entre autres défauts, les professeurs du Conservatoire ont celui de ne pas s'attacher assez à la partie littéraire de l'art. Leurs cours consistent à faire répéter quelques scènes, à en indiquer les principaux effets, et à les répéter quelquefois eux-mêmes. Voilà à peu près tout. Aucun d'eux ne s'occupe assez à développer les beautés de la poésie, à échauffer l'imagination de leurs élèves. Je voudrais que le troisième cours fût fait plus grandement ; qu'on l'embrassât sous un point de vue plus étendu ; que l'art y fût discuté, y fût approfondi dans ses rapports avec la morale, la littérature et l'histoire. Si l'on ne trouvait pas d'acteur assez versé dans ces diverses parties, on établirait une quatrième classe où elles seraient enseignées par des hommes de lettres. Quant aux autres, il importera toujours de ne les confier qu'à des acteurs. C'est au peintre d'enseigner la peinture, au musicien la musique. Il faut avoir monté sur le théâtre pour le connaître.

Ce qui manque encore essentiellement au Conservatoire, c'est un théâtre où l'élève puisse mettre en pratique les leçons du professeur. A quoi servent les exercices publics qui s'y font? Quel résultat peuvent produire des fragmens de pièces débités en plein jour et en habit bourgeois? ce simulacre de représentation n'est propre qu'à exercer la mémoire des élèves. Ce n'est qu'en jouant des ouvrages entiers, avec les costumes et avec tous les accessoires de la scène, qu'ils peuvent vraiment profiter. Les costumes, la lumière, les décors transportent en quelque sorte le comédien dans un monde nouveau, hors duquel il ne peut acquérir de son

art qu'une idée imparfaite. Tous ces accessoires sont aussi nécessaires au développement
de l'acteur, qu'à l'illusion du spectateur (1).

Il importerait aussi de n'accorder les places
de professeurs qu'à des acteurs retirés. Ils
porteraient à leurs élèves un intérêt plus vif;
ils mettraient plus de soins à les former, et
chercheraient à acquérir une gloire nouvelle
dans la carrière de l'enseignement. Ce serait
d'ailleurs une retraite honorable et lucrative
due aux talens et aux services. Elle ne pourrait
qu'exciter l'émulation de tous les acteurs. Il
en résulterait encore un avantage : les idées
d'un homme retiré sont plus nettes et plus pré-
cises; son opinion est mieux assise; ses pré-
ceptes sont plus sains et plus réfléchis; on a

---

(1) Il est question d'établir un théâtre d'élèves ; mais
si on ne le réunit pas à une école de déclamation,
quelle en sera l'utilité ? On augmentera le nombre des
théâtres, sans augmenter celui des sujets. Avant d'être
entièrement livrés au public, c'est sous les yeux des
maîtres que des élèves doivent s'exercer.

enfin pour lui une confiance et un respect que ne peut inspirer l'homme qui court encore les hasards d'une carrière, et qui est journellement exposé à la critique (1).

Espérons que le gouvernement, à qui nous devons un bienfait dont nous n'avions encore pu jouir sous aucun autre, ne laissera pas son œuvre imparfaite, et ne tardera pas à nous accorder aussi une bonne école. En attendant, je ne doute pas que le second théâtre n'améliore sensiblement l'état des choses, si toutefois l'on s'applique à en tirer le parti dont il est susceptible. Déjà son influence sur le premier théâtre se fait sentir ; mais c'est au public de

---

(1) St.-Prix est un des professeurs du Conservatoire. On ne pouvait faire un meilleur choix. Mais comment se fait-il qu'on n'y voie pas aussi Larive ? Comment ne s'est-on pas emparé d'un homme aussi précieux ? Qui pourrait mieux que lui transmettre aux jeunes acteurs les traditions et les principes du jeu de Lekain, de Clairon, de tous les grands acteurs à côté desquels il a paru, et dont il a lui-même partagé la gloire ?

le soutenir et de protéger ses premiers pas. Peut-on exiger qu'il offre dès à présent une réunion d'acteurs satisfaisante, lorsqu'on n'en trouve pas une au premier? La disette des sujets est visible, il faut donc patienter; si le public désire véritablement un Second Théâtre Français, il faut qu'il lui donne le temps de se former, et qu'il l'encourage par son indulgence.

La réputation et le talent de plusieurs acteurs du premier théâtre fera encore pencher quelque temps la balance en sa faveur; mais il est des avantages auxquels le second théâtre peut, dès ce moment-ci, prétendre sans trop d'ambition. Si ces représentations ne produisent pas d'aussi grands effets, en revanche, elles peuvent offrir un ensemble plus satisfaisant. Les acteurs peuvent éviter de jouer chacun à leur façon, et de sacrifier au désir de briller individuellement, l'effet général de la pièce (1); ils

______

(1) L'ancienne Comédie Française observait avec une telle exactitude, non-seulement l'ensemble des pièces,

peuvent prononcer leur langue plus correcte-
ment (1), donner plus de pièces nouvelles,
mieux accueillir les auteurs, montrer enfin
plus de zèle pour les intérêts du théâtre, et
plus de dévouement aux plaisirs du public.
Sous tous ces rapports, je ne pense pas
que la concurrence leur soit difficile à soutenir.

Le second théâtre offre encore l'avantage
précieux d'être établi dans le quartier classique
et d'être dirigé par un parterre sans contredit

---

mais encore celui des scènes, que Larive, jeune encore,
s'étant fait vivement applaudir dans une scène dont
l'effet appartenait à son interlocuteur, il fut appelé le
lendemain au comité, et sévèrement réprimandé à ce
sujet.

(1) On parlait autrefois au théâtre avec une telle
pureté, que lorsqu'il s'élevait une discussion en matière de prononciation, pour décider la question on
allait entendre les acteurs de la Comédie Française,
de même qu'en matière d'orthographe on consulte le
Dictionnaire de l'Académie.

plus scrupuleux ; les décors, les costumes et tous les accessoires de la scène continueront aussi sans doute à être plus variés, plus brillans et plus vrais. On ne verra pas le même palais servir aujourd'hui à Auguste, demain à Pyrrhus ; les mêmes fauteuils transportés d'un jour à l'autre de Rome en Épire. Cinq ou six garçons de théâtre, mal vêtus, ne formeront pas le cortége d'un roi.

Il s'est introduit à la Comédie Française une manie de *simplification*, qui a fini par faire paraître petits et mesquins les tableaux les plus grands et les plus majestueux. Pourquoi, dans *Andromaque*, Oreste ne se présente-t-il pas sous un aspect plus imposant ? A peine Oreste, ambassadeur des Grecs, se distingue-t-il d'Oreste jeté par la tempête sur le rivage de la Tauride. Pourquoi ses vêtemens n'ont-ils pas l'éclat que comporte sa dignité, et ne lui voit-on pas le sceptre et le bandeau qui doivent caractériser son rang ? Pourquoi n'entre-t-il pas dans le palais de Pyrrhus au milieu de l'escorte qui l'accompagne, et ne nous montre-t-il point,

Le pompeux appareil qui suit ici ses pas ?

Mais examinons un point plus important : l'administration du théâtre Français. N'est-elle pas la cause principale de sa ruine, la source de tous les abus dont nous sommes journellement témoins ? Si on veut les arrêter, si on veut empêcher le mal d'empirer, il faut le saper dans sa racine ; il ne s'agit pas de modifier des réglemens, il faut abolir ceux qui existent, il en faut créer d'autres ; il faut enfin que le théâtre Français cesse d'être régi par des sociétaires. Le premier comme le second théâtre demandent à être soumis à une direction : des comédiens ne peuvent pas se gouverner eux-mêmes. Ce n'est pas entre leurs mains que doit être remis le sort des jeunes gens qui se présentent dans la carrière. Les études de l'artiste ne peuvent pas d'ailleurs se concilier avec les fonctions d'administrateur.

Quels exemples la Comédie Française ne nous offre-t-elle pas continuellement des dangers d'une pareille organisation ? Une société

bien constituée offrirait sans doute des avantages. Mais qu'attendre d'une société où il n'y
a ni accord, ni égalité de droits? Si les acteurs
du théâtre Français n'étaient pas leurs maîtres,
les débats qui les divisent sans cesse existe-
raient-ils? Qu'on les assujettisse à une bonne
direction, tout rentrera dans l'ordre, toutes les
discussions se termineront; la médiocrité ne
fera plus la loi au talent. Des usages surannés
ne seront plus présentés comme des réglemens
inviolables; un jeune acteur qui aura eu l'au-
dace de *profaner les rôles sacrés* (1) ne sera

---

(1) C'est ainsi qu'on appelle en terme de coulisses
les rôles dans lesquels un grand acteur a acquis une
grande vogue, et qu'il a seul le droit de jouer. Victor,
après avoir rempli avec succès entre autres rôles celui
d'Hamlet, où depuis vingt ans l'on n'avait vu que
Talma, obtint pour prix de ses services un congé qui
lui fut retiré au moment d'en jouir, par l'effet de la
jalousie de ses camarades. Cette injustice et la modi-
cité de son traitement le forcèrent à donner sa démis-
sion pour l'année suivante. Comme on avait besoin
de lui, on refusa de l'accepter. On prétendit qu'il était

plus jugé assez coupable pour être renvoyé et emprisonné.

Le théâtre de l'Opéra offre un exemple frappant des avantages d'une direction. Sans

---

encore engagé pour un an, quoiqu'on sût très-bien qu'il ne l'était pas. Un procès assez curieux allait s'entamer, et mettre au jour tous les vices de l'administration comique, lorsqu'on trouva plus prudent d'avoir recours à la force et à la ruse qu'à la justice. On continua de porter le nom de Victor sur l'affiche, pensant bien qu'il ne jouerait pas avant que sa cause fût décidée ; on donna relâche ; et sous prétexte qu'il avait fait manquer le spectacle, il fut, sans aucune explication préalable et en violation de toutes les lois, arrêté et détenu à la préfecture de police. (Grâce à un ministre protecteur des arts, il obtint bientôt sa liberté.) Que M. le gentilhomme de la chambre ait voulu faire revivre le temps où les comédiens , privés de leurs droits, pouvaient être envoyés selon son gré au fort Lévêque , en cela rien de surprenant ; mais conçoit-on que ce soient des comédiens qui aient pu provoquer cette mesure , et qu'aucun d'eux n'ait élevé la voix contre un arbitraire tendant à les faire rentrer dans leur ancien état d'abjection !

doute il s'y glisse des abus ; il y en a partout ,
mais les acteurs y font-ils leurs volontés comme
au théâtre Français? La marche du répertoire
y est-elle sans cesse entravée par les caprices
de l'un ou de l'autre? Y voit-on autant d'em-
plois vacans, et la danse et le chant manquent-
ils de sujets?

Convient-il , en second lieu , de laisser le
théâtre Français sous la surveillance exclusive
du premier gentilhomme de la chambre? N'ap-
partient-elle pas plutôt au ministre de l'inté-
rieur, à l'autorité qui préside aux arts et aux
lettres, qui dirige les théâtres de province; qui
est en rapport avec les académies et les auteurs ,
et qui tient enfin dans ses mains tous les élé-
mens de la prospérité de l'art dramatique et
de l'art théâtral?

C'en est fait du premier théâtre de la France,
si on ne se hâte de changer son organisation. Je
voudrais aussi que le gouvernement lui rendît
l'éclat et le rang qui lui appartiennent. Conçoit-on que nous ayons fait de l'Opéra notre
théâtre national ; qu'un établissement formé
des productions de compositeurs, la plupart

étrangers, soit placé au-dessus du théâtre créé par nos auteurs immortels?

Je voudrais enfin que rien ne fût négligé pour donner à la scène française toute la prééminence qu'elle réclame, que le temple consacré à la représentation de nos chefs-d'œuvre n'eût pas, comme le théâtre de la rue de Richelieu, l'extérieur d'une halle; qu'on en fît un monument national, qui offrît aux yeux des Français et des étrangers les statues de ces grands hommes à qui nous devons une gloire de tous les temps et de tous les lieux; qu'enfin leurs ouvrages fussent représentés avec toute la solennité qu'ils méritent. Il importe de parler aux yeux. La scène française une fois revêtue de l'éclat et de la majesté qu'elle exige, les acteurs ne tarderont pas à s'en rendre dignes, et les spectateurs à la considérer ; on verra les sujets y accourir en foule, et briguer à l'envi l'honneur de s'y distinguer. Trop long-temps nous n'avons ambitionné que la gloire des armes; occupons-nous maintenant de celle des arts ; un peuple fatigué de conquêtes trouvera dans leur sein les plus nobles et les plus utiles délassemens.

théâtre est sans contredit le plus fait pour charmer des Français, le plus fait pour nourrir en eux tous les sentimens généreux et héroïques. Trop long-temps nous n'avons ambitionné que la gloire des armes ; occupons-nous maintenant tout entier des arts ; un peuple fatigué de conquêtes trouvera dans leur sein les plus nobles et les plus utiles délassemens.

FIN.

www.ingramcontent.com/pod-product-compliance
Lightning Source LLC
LaVergne TN
LVHW012145170726
843503LV00009B/3980